Dieses Buch gehört

.... *

* Mit deiner Unterschrift erklärst du dich bereit, an einem wissenschaftlichen Experiment teilzunehmen, bei dem alle Moleküle in deinem Körper vorübergehend neu angeordnet werden.

Rob Sears und
Tom Sears

UNSER GIGANTISCHER FUSSABDRUCK

Acht Milliarden Menschen – unsere größte Gefahr und unsere größte Hoffnung

Aus dem Englischen von Saskia Heintz

HANSER

Es gibt fast acht Milliarden von uns Menschen.

Das sind 8 000 000 000 Körper, die atmen, essen, unter den Achseln schwitzen und Ressourcen verbrauchen, und 8 000 000 000 Gehirne, die denken, fühlen, sich verlieben und über das Universum nachdenken. Alles zur gleichen Zeit.

Versuch mal, zehnmal hintereinander »Hallo, freut mich, dich kennenzulernen!« zu sagen. Dann noch zehnmal. Und dann noch zehnmal.

Langweilig, oder?

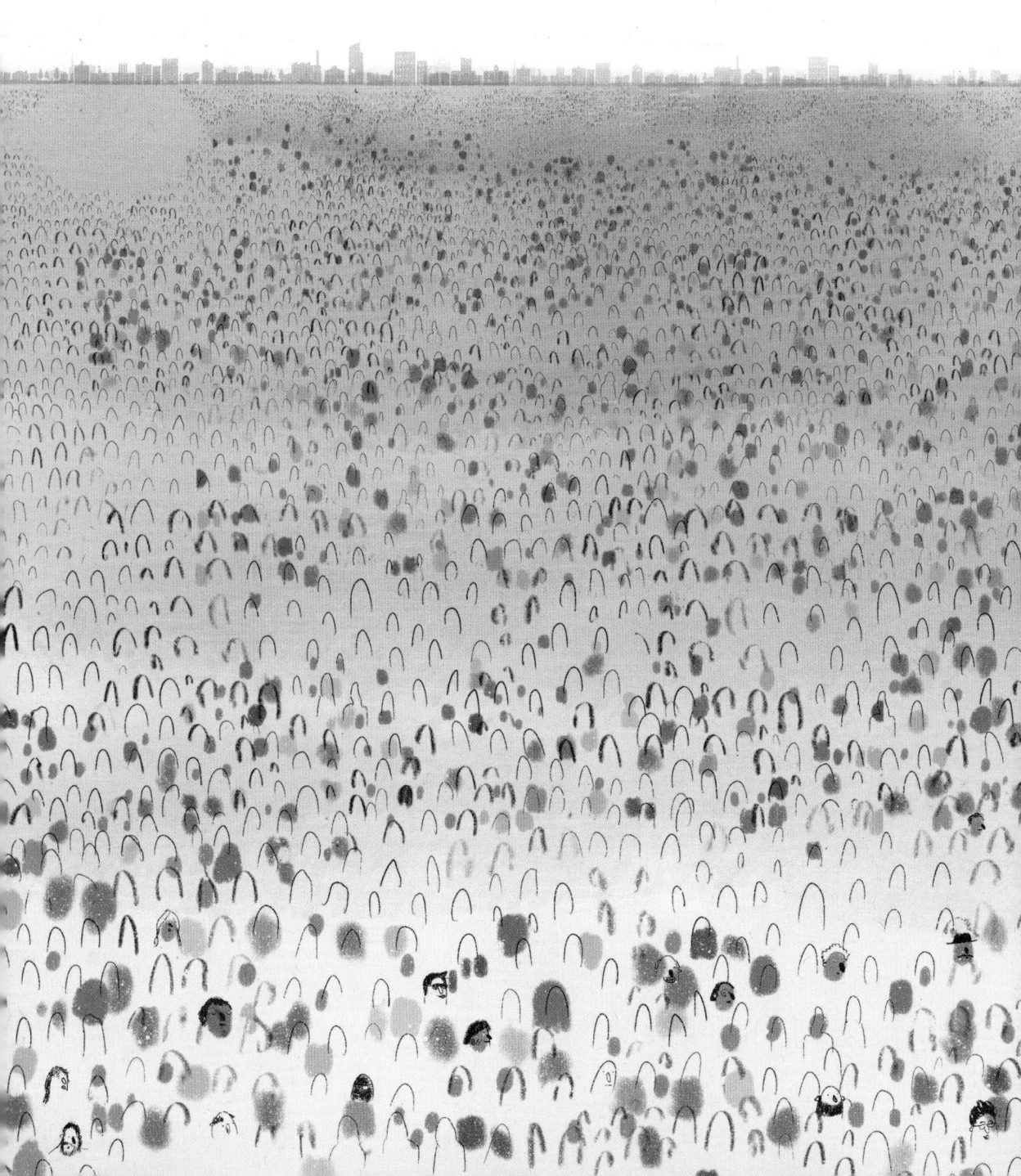

Tatsächlich müsstest du das tausend Jahre lang wiederholen, wenn du mit allen Menschen auf dem Planeten Bekanntschaft machen wolltest. Tag und Nacht.

Wie riesengroß unsere menschliche Gattung doch ist.

Andererseits hat man berechnet, dass wir uns auf eine Fläche von der Größe des Großraums London drängen könnten, wenn sich die gesamte Menschheit an einem Ort versammeln würde. Was uns wiederum wie ein ziemlich unbedeutender Haufen aussehen lässt.

Es gibt zwar nur Stehplätze, aber die ganze Menschheit passt tatsächlich auf diesen kleinen rosa Punkt. Wenn du deinen Daumen darauflegst, könntest du die gesamte menschliche Rasse zerquetschen – hey, hör auf damit!

Also, warte mal ... sind acht Milliarden Menschen jetzt viel oder wenig?

Das Problem ist, dass sich unsere Gehirne nicht wesentlich verändert haben, seit wir in kleinen Gruppen in Höhlen zusammenlebten und mithilfe unserer Hände und Füße zählten. Wir sind einfach nicht dafür gemacht, uns einen Reim auf riesige Zahlen zu machen. Deshalb fällt es uns schwer, das wahre Ausmaß unserer Spezies zu verstehen.

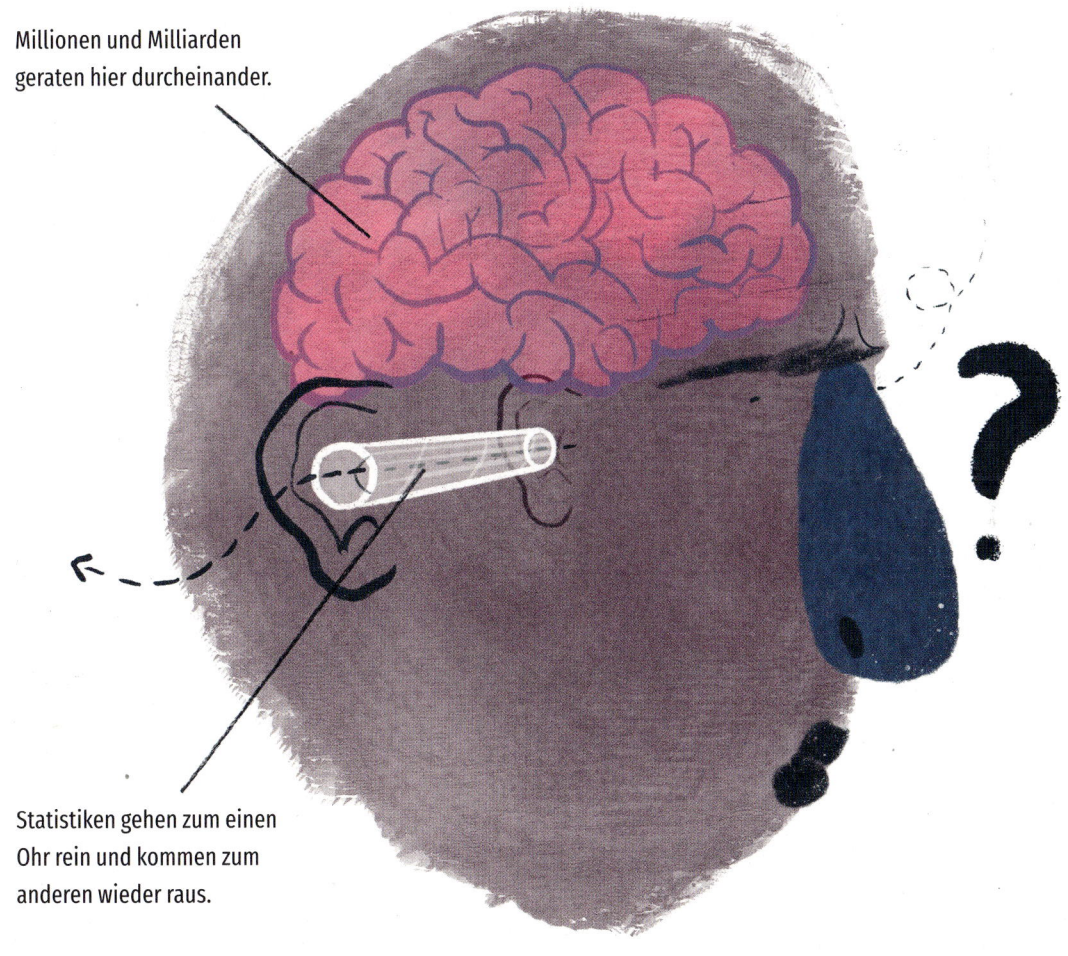

Millionen und Milliarden geraten hier durcheinander.

Statistiken gehen zum einen Ohr rein und kommen zum anderen wieder raus.

Aber wir wollen noch nicht aufgeben zu begreifen, *wie* groß wir sind. Wir haben da eine weitere Idee, die wir gern ausprobieren würden.

Stell dir acht Knetfiguren vor, die alle drei Zentimeter hoch und einen Zentimeter breit sind.

Du könntest sie zu einem Klumpen zusammenfügen und den Klumpen zu einem prächtigen Knetgummiriesen formen, der satte sechs Zentimeter hoch und zwei Zentimeter breit wäre.

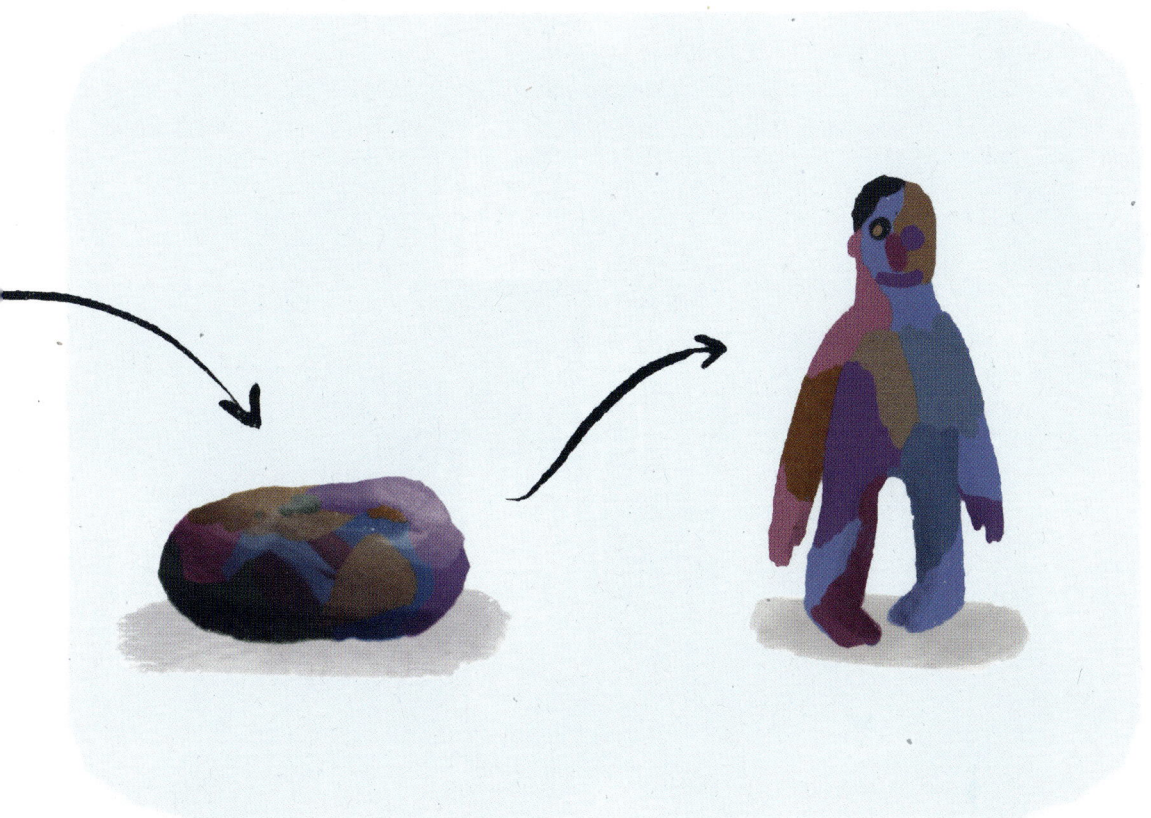

Wie wäre es, wenn wir dieses Experiment variieren und es mit acht Milliarden Menschen durchführen würden? Anstatt einer hirnschmelzend hohen Anzahl von Individuen müssten wir uns nur einen einzigen Riesen vorstellen.

Natürlich würde niemand so ein Experiment mit echten Menschen machen, geschweige denn mit der gesamten Bevölkerung des Planeten ...

Oder etwa doch?

Laden ...
7,880,000,001

AN

Herzlich willkommen! Bienvenidos! 欢迎! स्वागत है!
Danke, dass ihr alle gekommen seid! Ihr seid die letzten paar hundert Millionen Menschen, die in meine Knautsch-Maschine steigen und Teil eines Experiments werden, das das Schicksal des Planeten verändern könnte. Aber dazu später mehr. Jetzt geht bitte weiter in die Maschine, haltet die Arme eng an den Körper gepresst und bleibt ruhig. Wenn dieser Knautsch-Prozess nicht 100 % sicher und umkehrbar ist, bin ich keine verrückte Wissenschaftlerin!

Professor Janet McCrackers von der University of Barking, Erfinderin der Knautsch-Maschine

... und kommt hier in einer spannenden neuen Form wieder heraus.

LET'S KNAUTSCH!

Jetzt geht's los! Aus der gigantischen Düse der Knautsch-Maschine ragt der gewaltigste Fuß heraus ...

... gefolgt von einem Körper so groß wie ein Gebirge ...

... und schließlich schießt der riesigste aller Köpfe heraus.

Es hat funktioniert! Die Menschheit wurde als Mega-Mensch wiedergeboren, ein einzelnes Wesen, das aus allen Menschen auf dem Planeten besteht. Und hier sind wir dabei, zum ersten Mal aufzustehen und uns in unserer vollen majestätischen Größe zu zeigen.

TV-News-Hubschrauber

Ta-daa!

Was für ein Prachtexemplar wir doch sind!

Wir fühlen uns natürlich ein bisschen seltsam nach unserer Verwandlung – aber seht uns an:

Größe: Etwa 3 km*

Gewicht: 390 Millionen Tonnen (und um etwa 100 kg pro Sekunde zunehmend)

Geschlecht: Unbestimmt (49,6 % genetisch weiblich, 50,4 % genetisch männlich)

Pronomen: Wir/uns

Der Londoner Wolkenkratzer The Shard als Maßstab (bis 2020 das höchste Gebäude in der EU, 310 m)

* Während der Mega-Mensch natürlich acht Milliarden Mal schwerer ist als der durchschnittliche Mensch, ist er nur etwa 2000-mal größer. Erinnerst du dich an die Knetmännchen? Die Knautsch-Theorie wirkt auf geheimnisvolle Weise. Wenn du an den mathematischen Grundlagen interessiert bist, geh mal auf die englische Website: thebiggestfootprint.com.

Ach du liebes bisschen: Unsere neuen Mega-Augen sind so groß wie Fußballfelder.

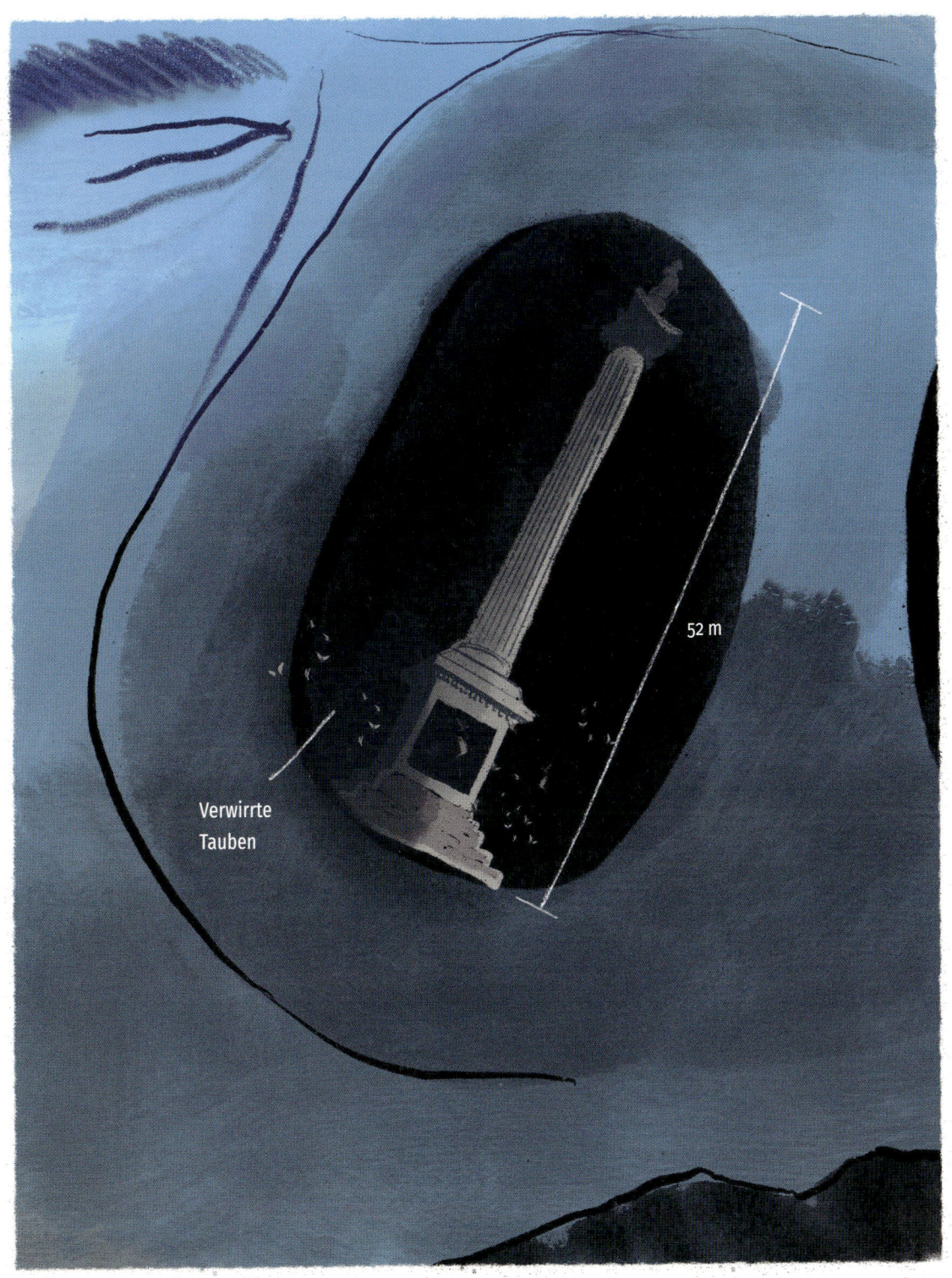

Und unsere neuen Mega-Nasenlöcher sind so riesig, dass die Londoner Nelsonsäule auf dem Trafalgar Square in eins hineinpassen würde. Sie würde uns allerdings kitzeln.

Mit so langen Beinen könnten wir in nur drei Stunden 40 000 Kilometer joggen – einmal rund um die Erde.

Unbeabsichtigte Spur der Zerstörung. Jeder donnernde Tritt erzeugt ein Erdbeben, das auf der Richterskala etwa die Stärke 7 erreicht.

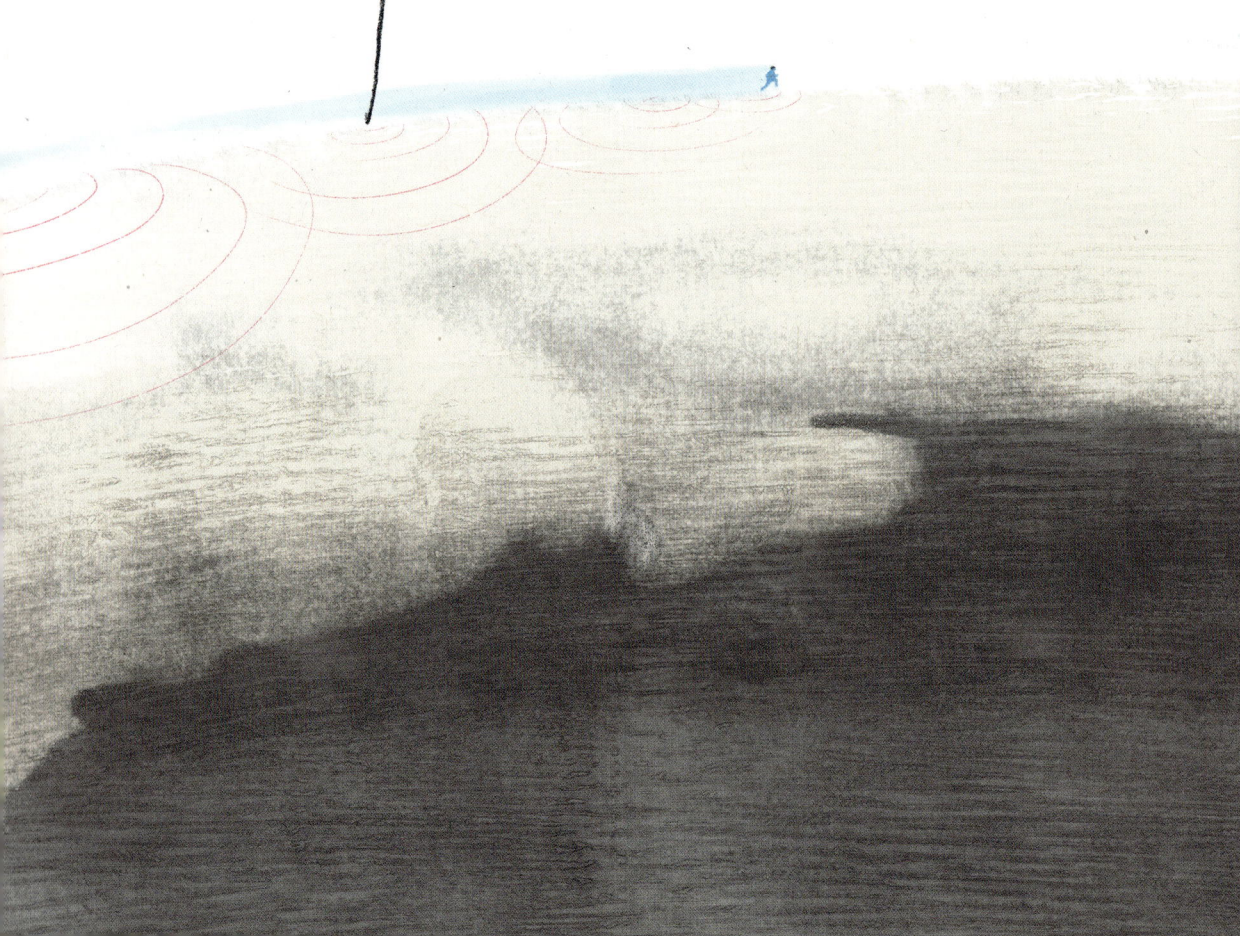

Wenn man die Astronaut*innen nicht mitzählt, die in Raumstationen um die Erde sausen, hat noch nie jemand so schnell die Welt umrundet.

Nach unserem Lauf um die Welt können wir dann ein warmes Salzbad mitten im Roten Meer nehmen, um unsere riesigen Muskeln zu entspannen.

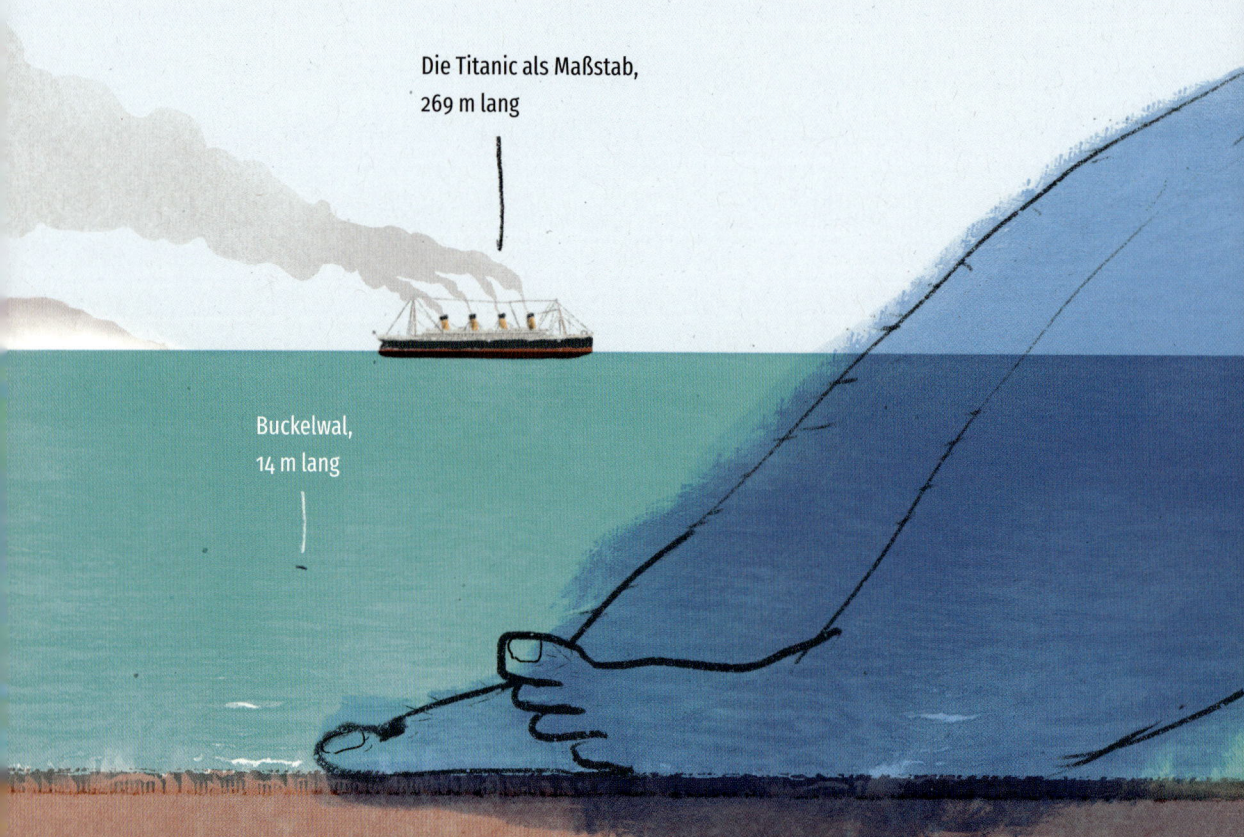

Die Titanic als Maßstab, 269 m lang

Buckelwal, 14 m lang

Durchschnittliche Tiefe des Roten Meeres, 450 m

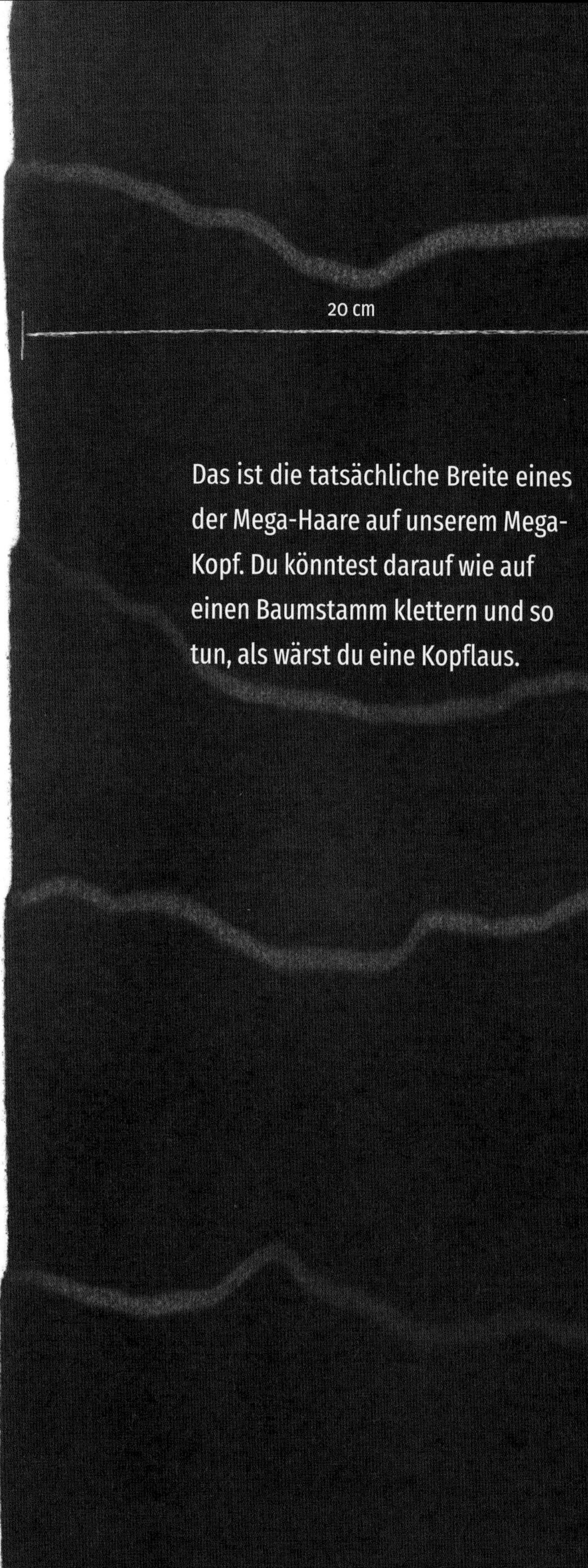

20 cm

Das ist die tatsächliche Breite eines der Mega-Haare auf unserem Mega-Kopf. Du könntest darauf wie auf einen Baumstamm klettern und so tun, als wärst du eine Kopflaus.

Ein typisches Mega-Haar ist zwischen einigen Metern und 1,5 km lang, je nachdem, wann wir das letzte Mal beim Friseur waren.

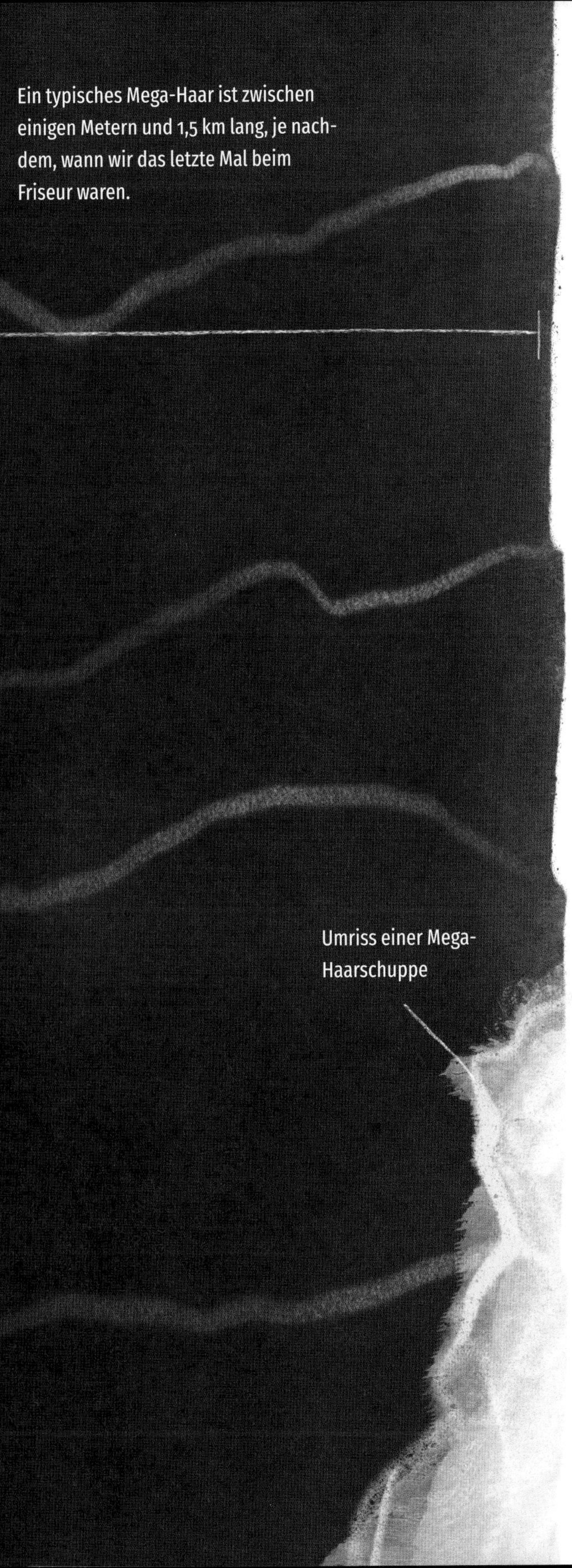

Umriss einer Mega-Haarschuppe

Ja, auch unsere Körperfunktionen sind gigantisch. Ein einziger Mega-Pinkelstrahl würde alle Kanäle von Venedig füllen. Die herabstürzenden Wassermassen wären größer und mächtiger als der Salto Ángel in Venezuela, der mit 979 Metern der höchste Wasserfall der Welt ist.

Und unser Gehirn? Nun, es wiegt zehn Millionen Tonnen, misst von vorne bis hinten 330 Meter, und man bräuchte die drei größten Frachtschiffe der Welt, um es zu transportieren (und trotzdem würden sie wahrscheinlich alle zusammen untergehen).

Wir müssen wirklich sehr klug sein.

Unser Mega-Gehirn verbraucht pro Jahr etwa so viel Energie wie die Niederlande. Ziemlich effizient, wenn man bedenkt, dass es für das gesamte menschliche Denken verantwortlich ist.

Eine Delfinschule als Maßstab

Nachdem wir die Knautsch-Maschine in Gang gebracht haben und sie vor sich hin tuckert, wollen wir ein paar Tiere einladen, um herauszufinden, wie groß wir im Vergleich zu ihnen sind.

Zuerst bringen wir alle in der Wildnis verbliebenen Tiger dazu, den Mega-Tiger zu erschaffen.

Mit einer Länge von 44 Metern wäre der Mega-Tiger in der Lage, mit einem einzigen Satz auf der Kuppel des Taj Mahal zu landen und mit seinen ruderbootgroßen Zähnen Touristen zu verspeisen.

Der Begriff *Großkatze* war noch nie so passend wie hier.

Aber der Mega-Tiger ist aus den weniger als 4000 verbliebenen wilden Tigern entstanden. Im Vergleich zu uns sieht er plötzlich gar nicht mehr so riesig aus.

Tatsächlich kann er bequem auf unserem Mega-Daumennagel Platz nehmen.

Hubschrauber als Maßstab

Verwirrter Gesichtsausdruck, weil der Mega-Tiger nicht weiß, ob er groß oder klein ist

Es gibt etwa 25-mal so viele Giraffen auf der Welt wie Tiger. Aber eine zusammengeknautschte Mega-Giraffe würde uns trotzdem nur bis zu den Knöcheln reichen.

Würde man alle 97 500 Giraffen mit ein paar Akazienzweigen in die Knautsch-Maschine locken, wäre die daraus entstehende Mega-Giraffe 230 m groß – oder besser gesagt 230 m kurz.

Safari-Geländewagen als Maßstab

Hier sind verschiedene Nashornarten zu sehen. Du entdeckst sie vielleicht nicht auf den ersten Blick, weil sie sich in unseren riesigen Augenbrauen verstecken.

Weniger als 80 Sumatra-Nashörner leben heute noch. Würde man sie zusammenknautschen, entstünde bloß ein Mega-Sumatra-Nashorn von der Größe eines Doppeldeckerbusses.

Dieses 4,4 m lange Mega-Nördliche Breitmaulnashorn ist das Ergebnis, wenn wir die letzten beiden Exemplare auf der Erde zusammenknautschen. Nicht so mega.

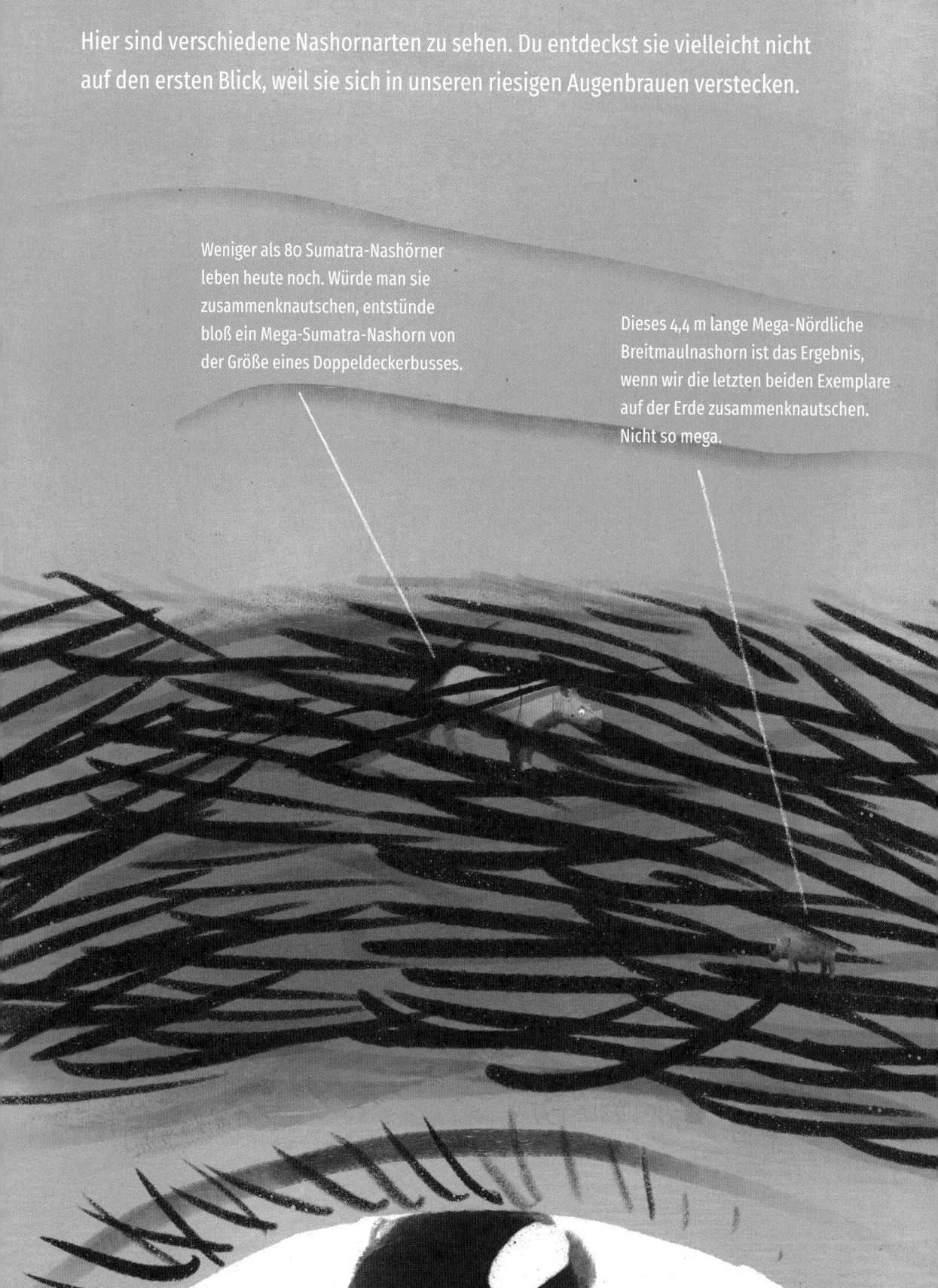

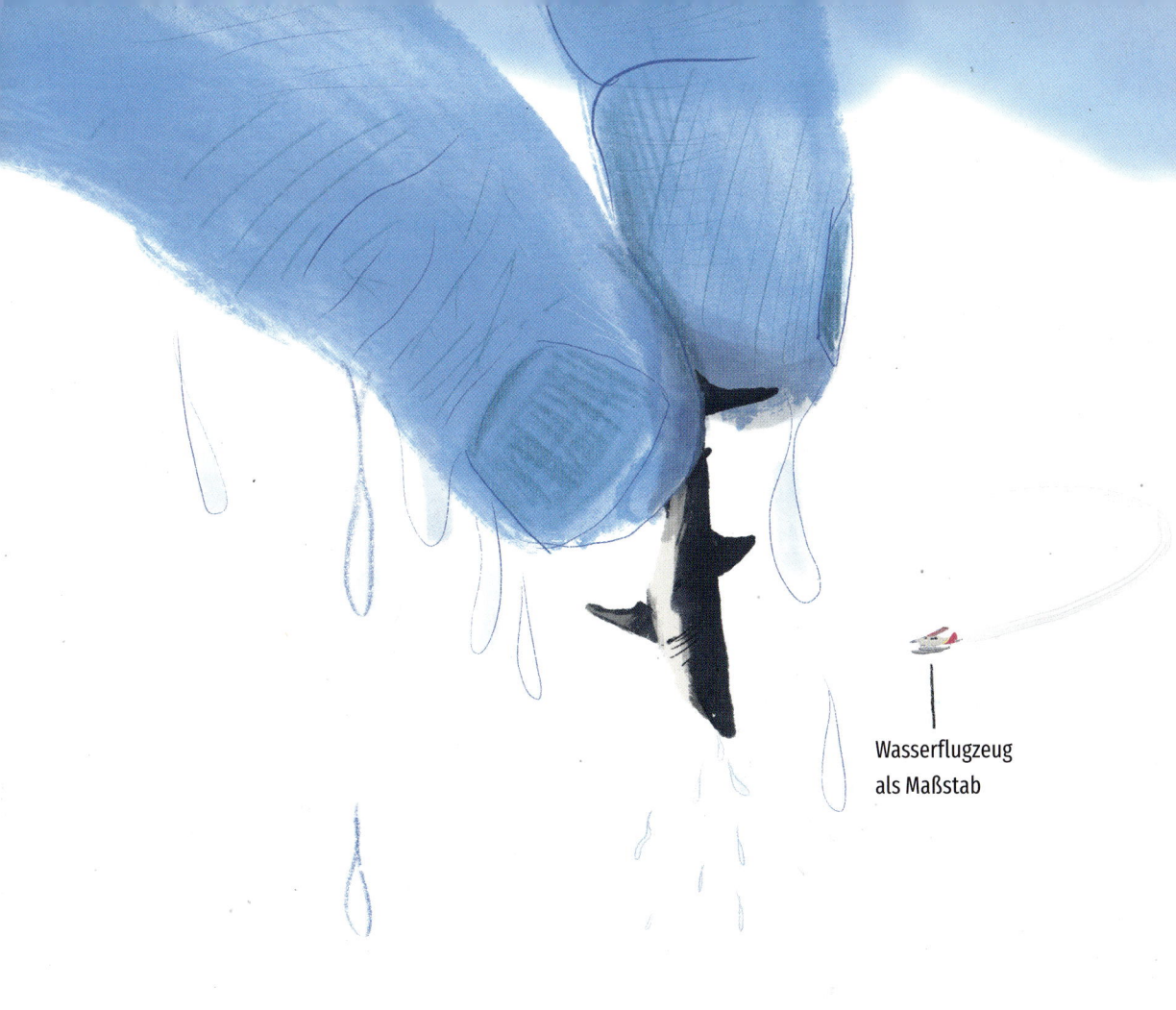

Wasserflugzeug als Maßstab

Und hier ist der 64 Meter lange Weiße Mega-Hai, der aus allen im Meer verbliebenen Tieren (schätzungsweise 3500) entstanden ist. Okay, sein Maul könnte eine Passagierfähre umschließen, aber im Vergleich zum Mega-Menschen ist er eine Sardelle. Wenn überhaupt, dann sollte er Gruselfilme über uns drehen.

Der Mega-Mensch ist aber nicht der einzige Riese, den es gibt. Das hier abgebildete, 16 Kilometer große Ungetüm ist das Ergebnis der Zusammenballung von Billionen mikroskopisch kleiner Meeresbewohner, die als Kopepoden (Ruderfußkrebse) bekannt sind.

Sicher, der Mega-Kopepode ist riesig – aber ein großer Teil seiner Körpermasse besteht aus Wasser. Außerdem wurden Tausende verschiedener Kopepoden-Arten kombiniert, um ihn zu erschaffen. Genau genommen sind wir also wahrscheinlich immer noch die größte einzelne Spezies.

Haben wir gut hingekriegt!

15 km

10 km

5 km

Ölplattform
als Maßstab

Oh, schau mal! Ein paar zusammengeknautschte Mega-Tierarten feiern eine Party in Paris, darunter ein Koala, der King Kong nachahmt. Niedlich.

Lasst uns hingehen und Bonjour sagen.

Von links nach rechts: Mega-Springbock (2,25 Millionen Exemplare), Mega-Giraffe (97 500), Mega-Honigbiene aus von Imkern kontrollierten Bienenstöcken (2 Billionen), Mega-Kaiserpinguin (544 000), Afrikanischer Mega-Elefant (415 000), Mega-Riesenpanda (1864), Mega-Tiger (3890), Mega-Monarchfalter (250 Millionen), Mega-Haussperling (1,1 Milliarden), Mega-Pygmäen-Dreizehenfaultier (1000), Mega-Koala (329 000), Mega-Eisbär (26 500), Mega-Felsentaube (260 Millionen) und Mega-Ringschwanzlemur (2200)

Eiffelturm, 324 m

Wie es scheint, sind wir bei dieser Gruppe nicht besonders beliebt. Nur das riesige Pygmäen-Dreizehenfaultier ist noch da, und auch das geht – nur sehr, sehr langsam.

Macht nichts. Diese unfreundlichen Spezies sind wahrscheinlich nur neidisch darauf, wie groß wir sind. Schließlich sind viele von ihnen seit Jahrzehnten stetig geschrumpft.

Seht nur, wie mickrig der riesige Afrikanische Elefant im Laufe der Jahre geworden ist!

19. Jh.

So hätte es ausgesehen, wenn man beide Arten im 19. Jahrhundert jeweils zusammengeknautscht hätte (etwa eine Milliarde Menschen und etwa 26 Millionen Elefanten). Damals waren wir nur ein bisschen größer als sie.

20. Jh.

Im Laufe der Jahre entfernten wir uns immer weiter voneinander. Genauer gesagt, wir wuchsen und sie schrumpften.

Heute

Heute gibt es weniger als 500 000 Afrikanische Elefanten, während sich unsere Population verdoppelt hat, und dann noch einmal verdoppelt, und dann noch einmal.

Die Populationen der großen Meeresbewohner sind im Vergleich zu unserem enormen Wachstum besonders spektakulär geschrumpft. Hier siehst du, wie ein Meer aus zusammengeknautschten Mega-Meeresbewohnern im Jahr 1900 ausgesehen hätte:

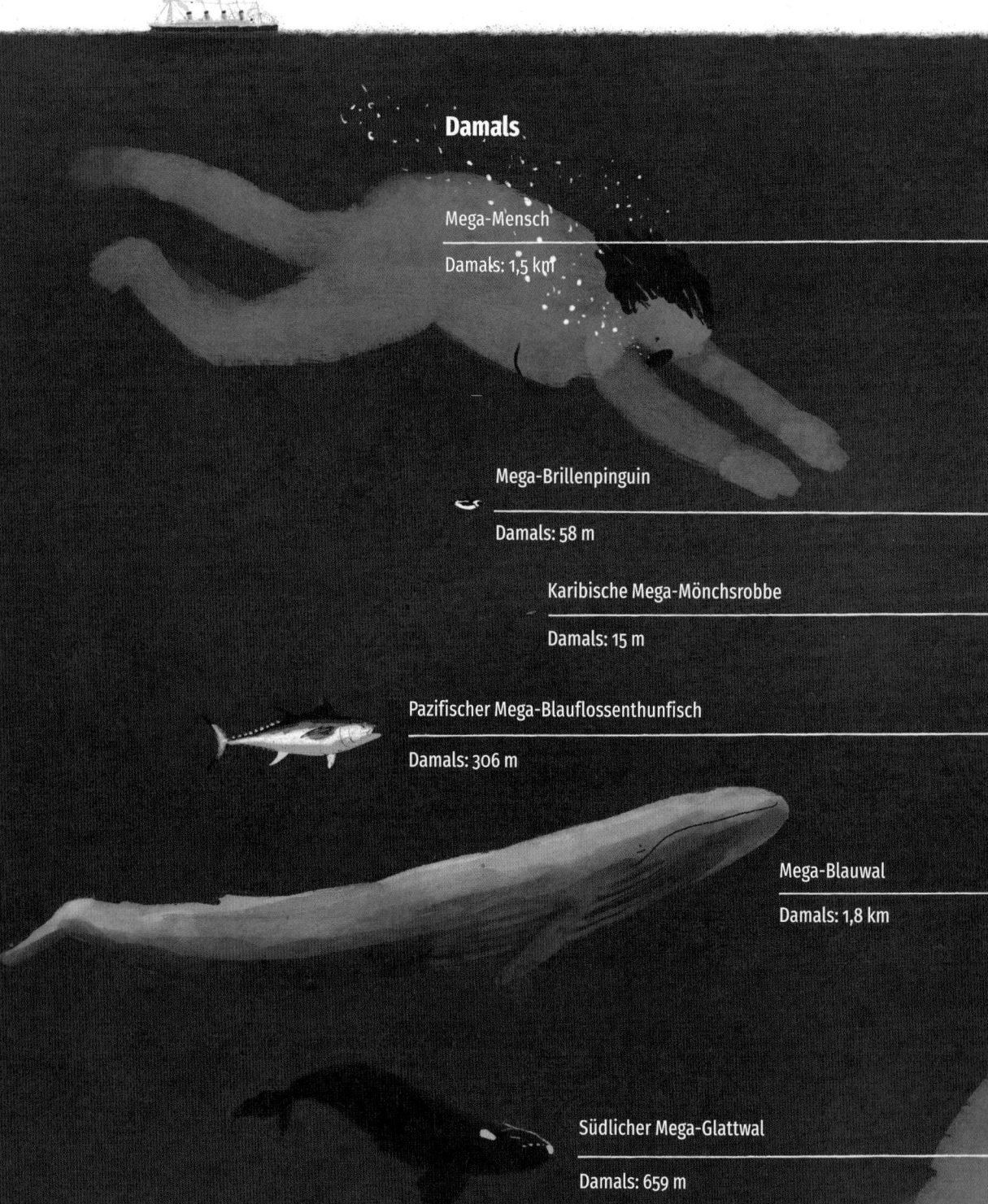

Damals

Mega-Mensch
Damals: 1,5 km

Mega-Brillenpinguin
Damals: 58 m

Karibische Mega-Mönchsrobbe
Damals: 15 m

Pazifischer Mega-Blauflossenthunfisch
Damals: 306 m

Mega-Blauwal
Damals: 1,8 km

Südlicher Mega-Glattwal
Damals: 659 m

Und hier siehst du, wie sie heute aussehen würden.

Es wäre ein viel einsamerer Ozean.

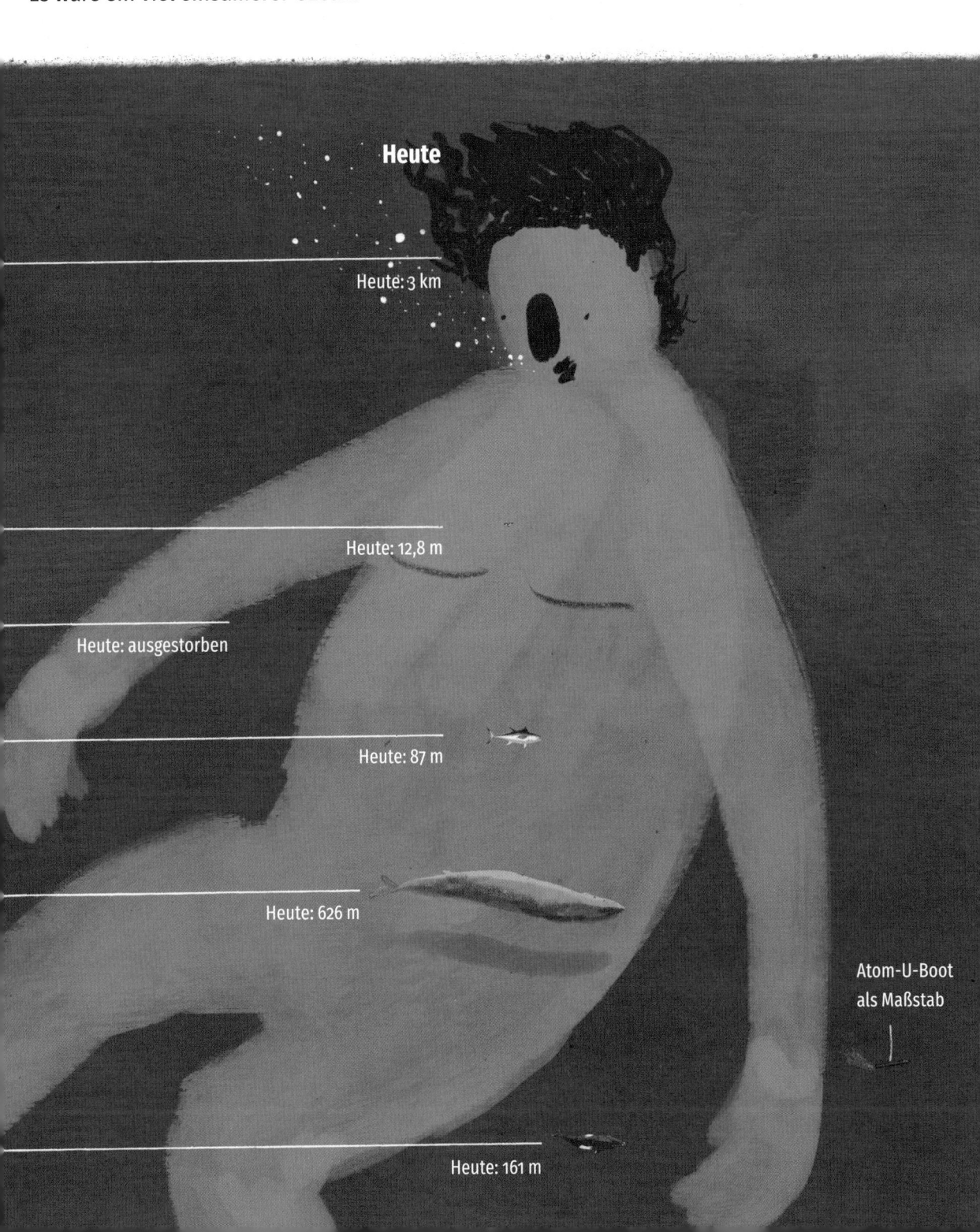

Vielleicht sollten wir uns lieber mit Freunden umgeben, deren Größe unserer eher entspricht? Hier sind ein paar Kandidaten, deren Population zusammen mit unserer gewachsen ist.

Der erste Gast auf unserer Gewinnerparty ist das 1,1 km große Mega-Huhn. Dieser Spezies geht es unter unserer Aufsicht so gut (auf einen Menschen kommen 3 Hühner), dass das Mega-Huhn dreimal größer ist als alle Wildvogelpopulationen zusammen.

Im 21. Jahrhundert ist die Zahl der Kühe weltweit auf etwa eine Milliarde angestiegen, was die Mega-Kuh zu einem weiteren modernen Schwergewicht macht. Zum Leidwesen der Party rülpst und furzt sie jede Sekunde über 4 Tonnen Gas.

Man kann nicht behaupten, dass das Mega-Virus eine Stimmungskanone ist. Streng genommen ist es nicht mal lebendig. Viruspartikel sind winzig, haben keinen Stoffwechsel, sind aber in jeder Lebensform zu finden. Viele von ihnen leben im Meer. Die Gesamtpopulation aller Virenstämme wird auf 10 000 000 000 000 000 000 000 000 000 000 geschätzt, aber die meisten sind für den Menschen harmlos. Globale Epidemien wie die Covid-19-Pandemie führen jedoch dazu, dass dieser 2 km große Partymuffel selten gut dasteht.

Das Mega-Schwein ist 855 m groß und wiegt 137 Milliarden Tonnen, was etwa dreimal so schwer ist wie alle wilden Säugetiere zusammen. Es ist ein weiterer Gast, dem es dank der menschlichen Bemühungen gut geht. Pass lieber gut auf die Partyknabbereien auf!

Hm. Alle unsere Gäste mögen an die moderne Welt angepasst sein, aber seien wir mal ehrlich, dieser Party fehlt etwas ...

Der Eurostar um 18:25 Uhr nach Brüssel, der zwischen den Mega-Schweinefüßen hindurchgleitet.

Der Mega-Hund!

Unser bester Freund und einziges wahres Begleittier
(auch wenn wir ihn extra züchten mussten, damit er uns mag).

Weltweit gibt es rund 900 Millionen Haus- und Straßenhunde, vom Afghanischen Windhund bis zum Spitz. Nimmt man sie alle zusammen, erhält man den ultimativen Mischling, der an den Schultern fast 500 m breit ist.

Wir sollten dem Mega-Hund einen Namen geben, der seiner riesigen Statur entspricht, wie zum Beispiel Dogzilla. Oder wie wäre es mit Mega-Waldi?

Aber Mega-Waldi, doch nicht im 7. Arrondissement!

Wir säubern das einfach mit einem sehr großen Hundekotbeutel und machen uns aus dem Staub.

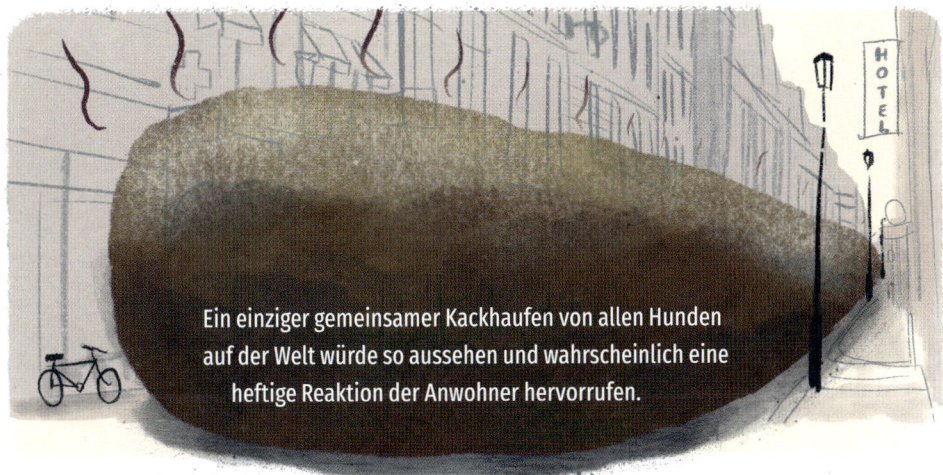

Ein einziger gemeinsamer Kackhaufen von allen Hunden auf der Welt würde so aussehen und wahrscheinlich eine heftige Reaktion der Anwohner hervorrufen.

Wir haben also ein Gefühl für unsere schiere Körpergröße bekommen und unseren besten Freund gefunden. Und was jetzt?

Essen wir!

Wir werden einfach alle Lebensmittel, die die Menschheit in einem Jahr konsumieren, in unsere Maschine werfen, um herauszufinden, was nötig ist, damit wir so groß bleiben und die Kontrolle behalten.

Ungenießbares Material wie Holzpaletten, Verpackungen und Lastwagen werden vor dem Zusammenknautschen herausgefiltert und entfernt.

Dieses Picknick, das um ein Vielfaches größer ist als eine Stadt, zeigt, wie viel von unseren Lieblingsspeisen wir in einem Jahr essen.

Ein 963 m großer Graskarpfen (aufgrund seiner Beliebtheit in China der meistgezüchtete Fisch der Welt)

Ein 840-Milliarden-Liter-Karton Milch und eine 29-Milliarden-Liter-Flasche Wein. Beide sind am besten innerhalb von fünf Tagen zu verbrauchen, also seid euch vor dem Öffnen sicher, dass ihr wirklich durstig seid (und alt genug, was den Wein betrifft).

Ein Mega-Sack Weizen und ein Mega-Maiskolben. Zusammen mit Mega-Reis decken sie 60 % unseres Energiebedarfs.

Man bräuchte eine 3 km breite Schüssel, um den gesamten Reis zu fassen, den wir in einem Jahr verbrauchen.

Die 1,3 Billionen Eier, die wir pro Jahr essen, sind alle in diesem 650 m hohen Mega-Ei zusammengepresst. Seine Schale ist 3 m dick, so dass man eine Abrissbirne und ein freies Wochenende braucht, um es zu knacken.

New York City als Maßstab

Dieser 2,1 km breite Lutscher wird aus der gesamten jährlichen Zuckerrohrernte der Welt von 1,9 Milliarden Tonnen hergestellt.

Die Kriegsdelikatesse namens Spam (das in Dosen gepresste gewürzte Schweinefleisch Spiced Ham) ist auch heute noch sehr beliebt (obwohl Computernutzer das Wort inzwischen für lästige Reklame-Mails verwenden): Jedes Jahr werden umgerechnet 60 Millionen Dosen davon hergestellt.

Die saftige 160-Millionen-Tonnen-Mega-Tomate. Etwa ein Viertel davon verarbeiten wir zu Tomatensoße, Tomatenmark und Tomatensaft.

Vielleicht bekommst du Appetit bei einer 3 km langen Joggingrunde um das Mega-Brathuhn. Es würde gerade so in den New Yorker Central Park passen.

Eine 1,2 km hohe Mega-Flasche mit Palmöl. Dieses Zeug ist überall drin. Man findet es, oft unter einem anderen Namen, auf der Zutatenliste von abgepacktem Brot, Erdnussbutter und Pizza bis hin zu Schokolade, Eiscreme und Süßigkeiten.

Die 450 Meter große Mega-Avocado schmeckt köstlich auf einem Hektar Toast.

Schauen wir uns ein bestimmtes Rezept genauer an, vielleicht die größte kulinarische Schöpfung der Menschheit:

Der Mega-Burger

Ausreichend für: die gesamte Menschheit (oder genauer gesagt die 6 Milliarden, die Fleisch essen)
Zubereitungszeit: 1 Jahr

1. Finde ein Stück ungenutztes Land, das etwa so groß ist wie Europa. Möglicherweise musst du zuerst ein paar Wälder abholzen, aber die zusätzliche Vorbereitungszeit ist es wert.

2. Säe großzügig Samen darauf aus (du wirst mehrere Billionen Samenkörner benötigen).

3. Dünge und besprühe den Boden zwei bis vier Monate lang täglich mit Wasser.

4 Billiarden Liter Wasser

Suppen-see

Mammut-Tacos

Chicago-große Pizza

Einfache Rezepte für deine gesamte Spezies

4. Nimm deinen schönen Lebensmittelhaufen ...

5. ... füttere damit deine Mega-Tiere ...

6. ... und gib sie in einen Fleischwolf ....

Nachdem wir so viel Arbeit hineingesteckt haben, können wir sicher sein, dass wir ihn bis zum letzten Bissen genießen wer–

Oh.

Der weltweite Berg der Lebensmittelabfälle. Ein Drittel der Lebensmittel, die wir jedes Jahr mühsam produzieren, landet hier und bildet einen über 2 km hohen Haufen.

Ein guter Tag für die Mega-Ratte.

Ehemals unkontaktierter Volksstamm

Doch halt ... oh nein ... was machen wir denn da?

Es sieht so aus, als würden wir einer unserer Lieblingsbeschäftigungen nachgehen: einen Ort von großer natürlicher Schönheit umgraben.

Für uns ist das Graben mehr als nur ein Hobby.

Es ist eine Leidenschaft.

Vielleicht sogar eine Sucht.

Aber nach was graben wir? Nur nach einem der wertvollsten Materialien überhaupt: Gold.

Alles Gold, das jemals gefördert wurde, würde einen Haufen von etwa 24 m Höhe ergeben. Man denke nur an all die Kriege, die durch diesen funkelnden kleinen Hügel ausgelöst wurden.

Fort Knox als Maßstab (wo die USA ihre Goldreserven lagern)

All dieses Gold, plus alle jemals geförderten Diamanten, würden bloß für einen einzigen schmückenden Verlobungsring an unserem Mega-Finger ausreichen. (Leider gibt es niemanden mehr, dem wir einen Antrag machen könnten, außer uns selbst.)

Privatjet als Maßstab

Wir graben nach seltenen Mineralien wie Dysprosium, Yttrium und Tantal, die wir für die Herstellung des Innenlebens unserer geliebten elektronischen Geräte verwenden.

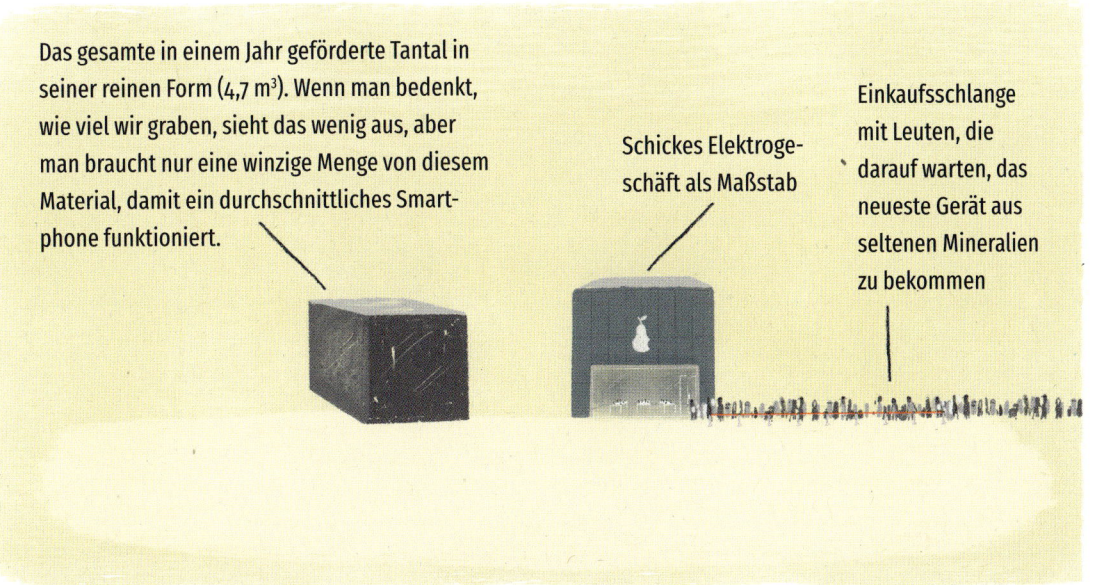

Das gesamte in einem Jahr geförderte Tantal in seiner reinen Form (4,7 m³). Wenn man bedenkt, wie viel wir graben, sieht das wenig aus, aber man braucht nur eine winzige Menge von diesem Material, damit ein durchschnittliches Smartphone funktioniert.

Schickes Elektrogeschäft als Maßstab

Einkaufsschlange mit Leuten, die darauf warten, das neueste Gerät aus seltenen Mineralien zu bekommen

Ein 67 m großer Westlicher Flachlandgorilla, der nicht sehr glücklich über das Loch ist, in dem sich früher sein Nest befand.

Tagebau-Minen

Das prächtige Mega-Smartphone ist 220 m hoch und hat ein Display so groß wie hundert Kinoleinwände. Es ist so ziemlich das Einzige auf der Welt, das uns ablenken und vom Graben abhalten kann.

Wir verbrennen sogar so viel, dass der ganze Planet unter Atemproblemen zu leiden beginnt.

Und es sind nicht nur Smog und Rauch. Beim Verbrennen fossiler Brennstoffe werden außerdem 35 Milliarden Tonnen unsichtbares, geruchloses CO_2 pro Jahr freigesetzt. Sie sind damit die Hauptursache für den Klimawandel.

Auf diesem Satellitenbild kannst du sehen, dass wir eine Grube von über 60 Kubikkilometern ausgehoben haben. Das ist die Menge an Ressourcen, die der Mensch jedes Jahr aus der Erdoberfläche gräbt.

Oder stellen wir es uns so vor: Jede Sekunde schaufeln wir ein ganzes Schwimmbecken mit Steinen, Sand, Ton, Mineralien, fossilen Brennstoffen, Metallen und organischem Material aus unserem zunehmend pockennarbigen Planeten. Wir scheinen einfach nicht aufhören zu können.

Aber das Graben ist nicht unser einziges Hobby. Wir fällen auch gerne Bäume. Etwa 15 Milliarden davon pro Jahr.

Wenn man alle Bäume, die wir in zwölf Monaten fällen, zusammennehmen würde, hätten wir einen Mega-Baum von 35 km Höhe und 2,5 km Stammumfang an der Basis. Würde man ihn in England fällen, könnte man damit eine Brücke über den Ärmelkanal nach Frankreich bauen.

Als Baumliebhaber möchte Mega-Waldi damit nichts zu tun haben.

Der Wolkenkratzer Burj Khalifa in Dubai als Maßstab (das höchste Gebäude der Welt, 830 m)

Durch das Abholzen entsteht eine Menge Holz und Zellstoff. Genug um 330 Milliarden Klopapierrollen, ein 1,5 km hohes Lagerfeuer oder dieses äußerst praktische, 8 km hohe Mega-Flachpack-Bücherregal herzustellen.

(Nachdem wir es aufgebaut haben, stellen wir fest, dass wir es eigentlich gar nicht brauchen und dass es nicht zu unseren Vorhängen passt.)

Das sollte wirklich an einer Wand befestigt werden, damit es nicht umkippt.

Wir haben eine praktische Aufbewahrungslösung für unseren Mega-Nippes gefunden. Leider haben ziemlich viele Mega-Arten, die in Wäldern leben, dadurch ihr Zuhause verloren. Wie z. B. (hier auf der Flucht zu sehen) der Mega-Borneo-Orang-Utan (59 m groß), der Mega-Helmkasuar (37 m) und der Mega-Große Soldatenara (11 m).

Falls das Ausmaß der Probleme, die wir verursachen, noch nicht klar geworden ist, sollten wir nicht das Plastik vergessen, das wir ins Meer kippen.

Das entspricht dem Gewicht von 100 Plastikflaschen pro Mensch und Jahr.

Und die Kleidung, die wir nach ein paar Mal Tragen wegschmeißen.

Diese Polyester-Leggings in Größe XXXXXXL wurden innerhalb von zwei Wochen vom Laufsteg in die Läden gebracht, aber es wird 200 Jahre dauern, bis sie sich zersetzt haben.

Und die Wildtiere, mit denen wir illegal handeln.

Im Käfig gehaltener Mega-Vogel, der aus den 1,5 Millionen lebenden Vögeln, die jedes Jahr illegal gehandelt werden, zusammengeknautscht wurde.

Das meistgehandelte Tier der Welt: das Schuppentier, wird häufig in der traditionellen Medizin verwendet.

Mega-Stoßzahn, entstanden aus dem gesamten Elfenbein, das pro Jahr gehandelt wird.

Flugzeug als Maßstab

Hm. Vielleicht hat all das Graben, Verbrennen, Bauen, Verklappen, Verschwenden und Wildern etwas damit zu tun, dass so viele Mega-Arten geschrumpft sind und nun ganz verschwinden?

Von links nach rechts: Mega-Kaiserpinguin (544 000 Exemplare), Westlicher Mega-Flachlandgorilla (100 000), Mega-Giraffe (97 500), Afrikanischer Mega-Elefant (415 000), Mega-Schnabeltier (165 000). Ebenfalls abgebildet, aber schwer zu erkennen, sind der Kalifornische Mega-Schweinswal (14) und der Mega-Hainan-Schopfgibbon (28). Wenn man so groß ist wie wir, kann man so kleine Arten leicht übersehen.

Die Knall-Symbole stehen für kürzlich ausgestorbene Arten wie den prächtigen Giftfrosch, den falschen Bachsalamander von Jalpa und den glatten Handfisch.

Die Wahrheit ist, dass wir in ziemlichen Schwierigkeiten stecken.

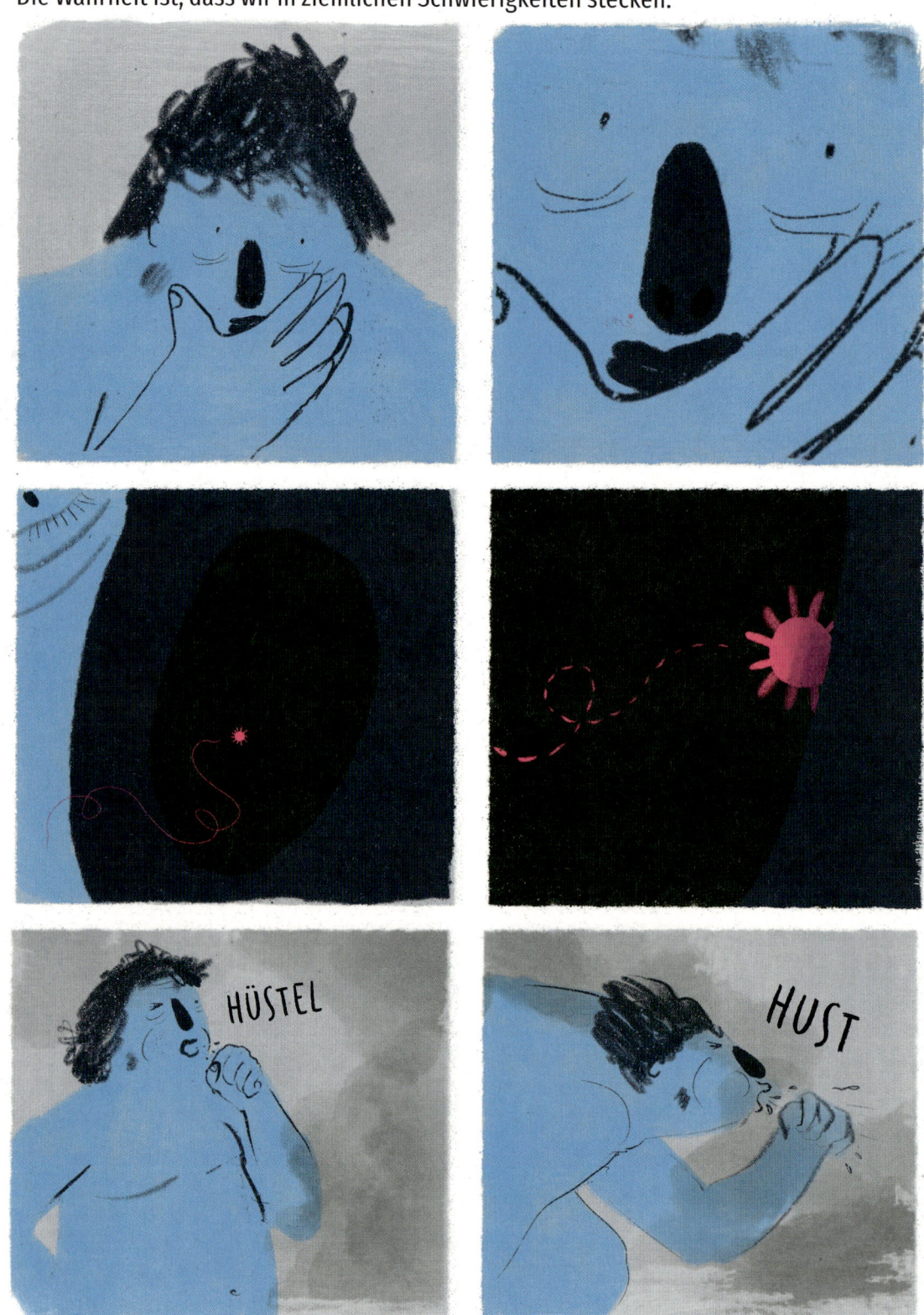

Und zu allem Überfluss sieht es so aus, als hätten wir uns einen fiesen Virus eingefangen.

Oh! Haben wir einen Fiebertraum?

Oder könnte es sein, dass wir vom Mega-Geist heimgesucht werden, der aus allen 99 Milliarden Menschen besteht, die vor uns gelebt haben?

> *Also, Leute, was zum Teufel ist hier los? Ich lasse euch für ein paar Generationen in Ruhe und ihr verwüstet den Planeten? Zu meiner Zeit nahmen wir uns, was wir brauchten, und lebten in Harmonie mit den anderen Arten. Okay, einige Wissenschaftler glauben, dass wir in der Steinzeit mehrere große Säugetiere bis zur Ausrottung gejagt haben, aber das ist nicht bewiesen. Außerdem brauchten wir das Mammutfleisch – wir hatten keine ausgeklügelte Technologie wie die Landwirtschaft. Wie auch immer, hier geht es nicht um mich. Es gibt jemanden, den ich euch vorstellen möchte ...*

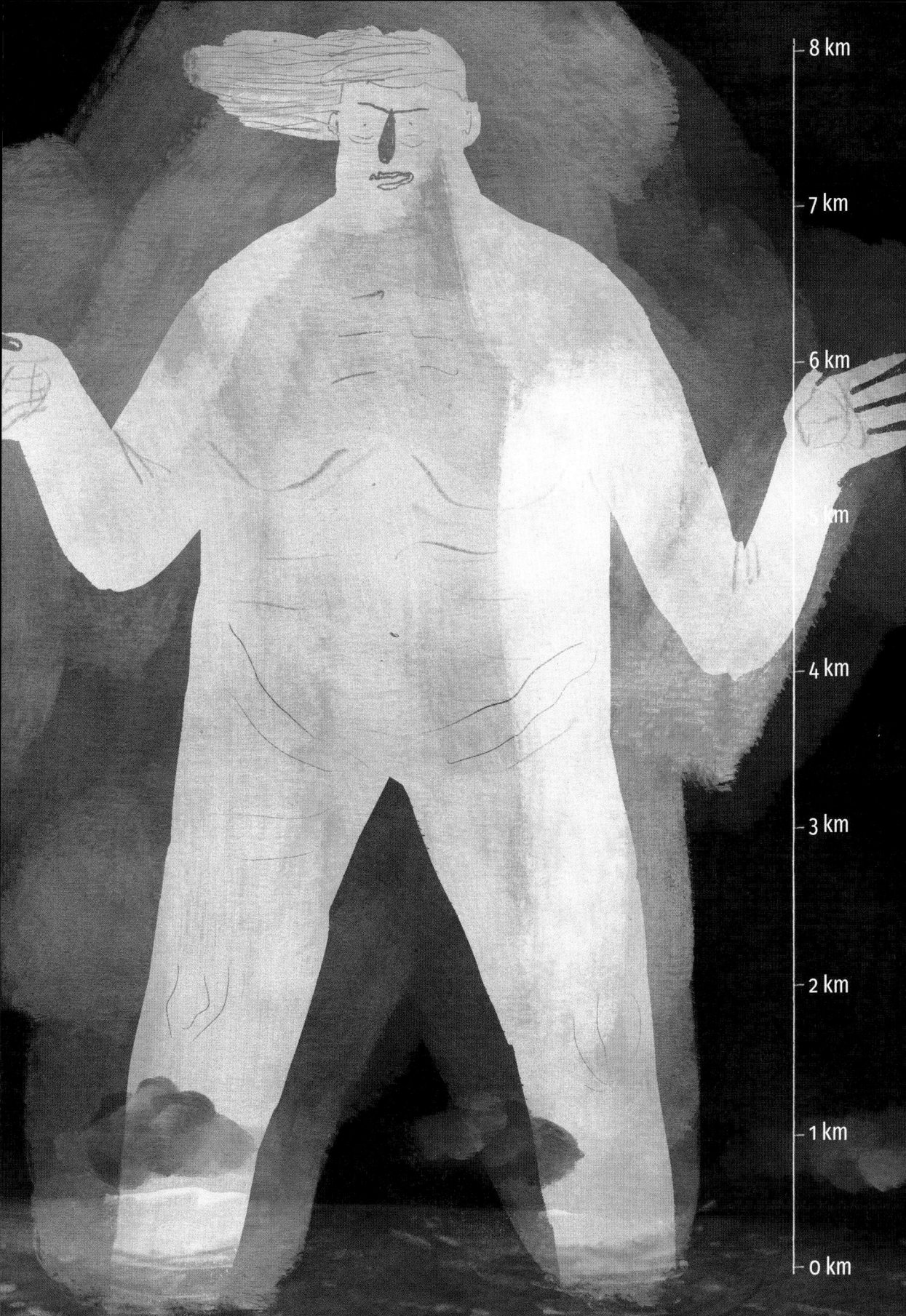

So könnte alles Leben auf dem Planeten aussehen, nachdem es die Knautsch-Maschine durchlaufen hat. Es ist etwa so groß wie Trinidad und besteht aus 0,4 % Tieren, 2 % Pilzen, 13 % Bakterien und satten 82 % Pflanzen. Die restlichen 2,6 % entfallen zum größten Teil auf die als Archaeen (Urbakterien) und Protisten (u. a. Algen und Pilze) bekannten Lebewesen, während wir Menschen nur 0,01 % der Gesamtmenge ausmachen.

Im Durchschnitt produziert der Mega-Mensch jede Woche Materialien, die seinem gesamten Körpergewicht entsprechen. Dieses Zeug reicht von Beton und Metall bis zu Plastik und Asphalt, von Palästen und Busbahnhöfen bis zu Statuen und Sofas.

Ein seltsamer Gedanke: Obwohl dies eine Szene von epischem Ausmaß ist, wäre alles Lebendige und alles vom Menschen Geschaffene in solch einem Haufen zusammengeknautscht, würde es auf eine Insel von der Größe Madagaskars passen und den Rest der Erde als felsige, leblose Landschaft hinterlassen.

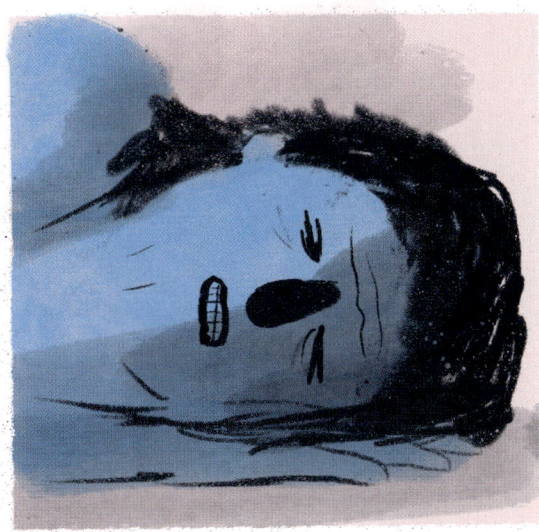

Für einen Traum war das ziemlich seltsam.

Also, was haben wir noch mal gemacht? Ach ja, graben.

Lasst uns mit einer neuen Grube anfangen, das lenkt uns normalerweise ab.

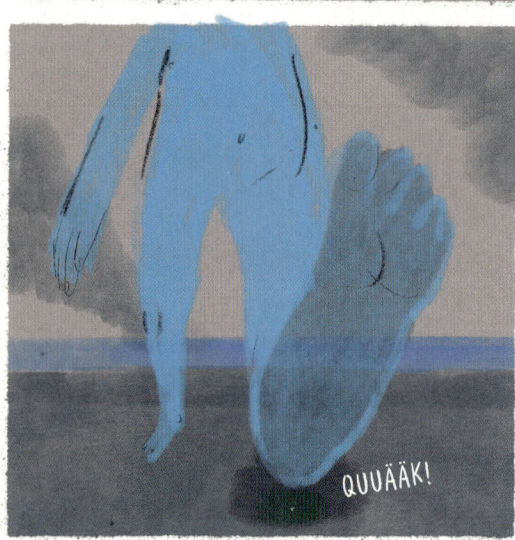

Auf wen wären wir denn da fast getreten?

Hüpf rauf, kleiner grüner Vogel.

Hier drüben ist ein Waldstück, in dem du sicherer bist.

Der Mega-Kakapo hebt dankbar eine Kralle. Durch die jüngsten Umweltschutzmaßnahmen ist der Bestand dieses flugunfähigen Papageis langsam wieder auf eine dreistellige Zahl angestiegen.

Wir sehen uns später, Kleiner.

Moment mal! Das fühlte sich eigentlich ganz gut an.

Es sieht so aus, als hätten wir gerade eine unserer Mega-Ideen (wie das Aufschreiben von Wörtern – das wurde ein echter Klassiker):

Was wäre, wenn wir den gesamten Planeten mit der Fürsorge und dem Respekt behandeln würden, den wir gerade diesem seltenen Papagei entgegengebracht haben?

Wir müssten aufhören, unseren egoistischen Impulsen zu folgen (von denen es Milliarden gibt, die jederzeit durch unseren Mega-Verstand schwirren).

Und wir müssten anfangen, unsere guten Absichten zu verwirklichen. Wir neigen dazu, diese zu ignorieren.

Wenn unser gesamtes riesiges Gehirn hinter unserem neuen Ziel stehen würde, und unser ganzer trampelnder Mega-Körper daran arbeiten würde ... Wer weiß, was wir dann erreichen könnten?

Wir könnten eine Menge neuer Bäume pflanzen …

Eine Billion dieser Bäume würde die Kohlenstoffemissionen von 10 Jahren binden.

… das Plastik aus den Ozeanen entfernen …

Das würde die Meeresbewohner sehr glücklich machen.

… und einen besseren Weg zur Energiegewinnung finden.

Mehr Windkraftanlagen wie diese könnten unseren Bedarf an fossilen Brennstoffen verringern.

Wir könnten den Orten, denen wir etwas weggenommen haben, etwas zurückgeben.

* Strassburg, B. B. N., Iribarrem, A., Beyer, H. L. et al. Global priority areas for ecosystem restoration. Nature 586, 724–9 (2020)

Laut einer großen Studie aus dem Jahr 2020 könnte durch die Renaturierung oder den Schutz von 30 % der Landflächen der Erde rund die Hälfte der CO_2-Emissionen absorbiert werden.*

Dann könnten wir uns wirklich als eine außergewöhnliche Spezies bezeichnen.

Vielleicht könnten wir sogar in friedlicher Eintracht mit den anderen Mega-Lebewesen leben.

Wertstoffhof
am Seeufer

Von links nach rechts: Mega-Giraffe (97 500 Exemplare), Mega-Affenbrotbaum aus Madagaskar (1 Million), Mega-Kanadagans (5,1 Millionen), Mega-Elch (2 Millionen), Mega-Blutschnabelweber (1,5 Milliarden), Mega-Prachteiderente (870 000 Exemplare), Blauer Mega-Pfau (100 000), Mega-Australien-Krokodil (100 000), Mega-Steppenzebra (200 000), Mega-Borneo-Orang-Utan (104 700), Afrikanischer Mega-Elefant (415 000)

Hey, seht mal! Mega-Waldi ist zurückgekommen, um uns aus unserem Tagtraum zu reißen. Das ist auch gut so, denn wir haben viel zu tun.

Wir können uns darauf verlassen, dass der beste Freund der Menschheit uns verzeiht. Aber es gibt immer noch 8,7 Millionen Mega-Spezies, die wir für uns gewinnen müssen. (Das ist die geschätzte Gesamtzahl der Tier-, Pflanzen-, Algen- und Pilzarten auf unserem Planeten, die alle von unseren Aktivitäten betroffen sind.)

Das ist eine große Herausforderung.

Vielleicht sogar zu groß.

Aber wenn wir den Mega-Burger zubereiten können, das Mega-Gebäude bauen und die Mega-Mine ausheben, können wir uns vielleicht auch der noch größeren Aufgabe stellen: das Mega-Chaos zu beseitigen, das wir angerichtet haben.

Und selbst wenn wir das nicht können, sind wir es dem Planeten dann nicht schuldig, es zumindest zu versuchen?

Es wird Zeit, dass wir in unseren ursprünglichen Zustand zurückkehren. Schließlich haben wir keine Zeit zu verlieren. Und Milliarden von Händen sind besser als zwei – egal wie riesig.

Wir machen ein paar Dehnübungen …

… und schalten die Knautsch-Maschine auf Rückwärtsgang …

.... geben uns selbst das größte High Five der Geschichte, das man über Hunderte von Meilen hören kann ...

... klettern in den Trichter unserer Maschine ...

Professor McCrackers, die die Menschheit zurück aus ihrer unglaublichen Maschine führt.

Kommt schon, Leute! Keine Zeit für den Andenkenladen: Eine wichtige Aufgabe liegt vor uns!

... und raus geht's! (Du spürst vielleicht ein leichtes Kribbeln, wenn du dich vom Rest der Menschheit trennst.)

Noch nicht entknautschte Tiere im Hintergrund: Mega-Kaiserpinguin (544 000 Exemplare) und Mega-Hauskatze (600 Millionen).

Für die Teilhabe an diesem Experiment möchten wir uns bei der gesamten Menschheit bedanken, aber ganz besonders bei Claire und Grace für ihre unglaublichen Ideen und ihre Geduld; bei Otto, der es Tom wirklich schwer gemacht hat, dieses Buch fertigzustellen, aber auf eine lustige Art und Weise; und bei unserer Mum und unserem Dad für all die Pflanzen, Socken und moralische Unterstützung.

Danke auch an Hannah, Jamie, Jenny, Leila, Vicki, Aa'Ishah, Alice, Valeri, Kate, Nick, Lois, Alison und alle bei Canongate; Gordon und Niall bei Curtis Brown; und allen, die bei frühen Entwürfen geholfen haben.

Unser Dank gilt allen Wissenschaftlern und Organisationen, auf deren Forschungen wir uns gestützt haben, insbesondere der International Union for Conservation of Nature für ihre Schätzungen der Wildtierpopulationen und der Ernährungs- und Landwirtschaftsorganisation der Vereinten Nationen für ihre unglaubliche Datenbank mit Statistiken zur Nahrungsmittelproduktion.

Wenn du mehr über die Fakten, Zahlen und die Theorie hinter Professor McCrackers Knautsch-Maschine erfahren möchtest oder wissen willst, was du tun kannst, um der Menschheit zu helfen, ein besserer Gigant zu werden, besuch doch mal die englische Website The Biggest Footprint: thebiggestfootprint.com

Rob und Tom Sears begannen ihre Partnerschaft in den 1980er-Jahren, als Tom (der jüngere Bruder) geboren wurde. Heute ist Rob Bestsellerautor und Tom Illustrator. Sie haben bereits viele Projekte gemeinsam umgesetzt, von Zooausstellungen und Eiswagendesigns bis hin zu Sitcoms im Fernsehen, Büchern, Zeitungscartoons und Filmdrehbüchern. *Unser gigantischer Fußabdruck* haben sie als Experiment kreiert, um ihre eigene Spezies zu verstehen. Nach allem, was sie durch die Recherche zu diesem Buch erfahren haben, sind sie noch immer zuversichtlich hinsichtlich dessen, was auf uns Menschen und unseren Planeten zukommt.

Saskia Heintz war 18 Jahre Lektorin und Pressereferentin bei Hanser, bevor sie 2014 die Leitung des Hanser Kinder- und Jugendbuchverlags übernahm. Sie übersetzt aus dem Englischen und Niederländischen, zuletzt Lauren Child, Tom Schamp, James Flora, Karla Kuskin und Eva Eland.

Die Originalausgabe erschien 2021 in Großbritannien
unter dem Titel *The Biggest Footprint – Eight billion humans.
One clumsy giant* bei Canongate Books Ltd.

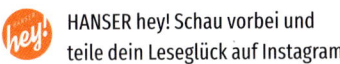 HANSER hey! Schau vorbei und
teile dein Leseglück auf Instagram

1. Auflage 2022

ISBN 978-3-446-27436-5
Copyright © Rob Sears & Tom Sears, 2021
Published by arrangement with Canongate Books Ltd,
14 High Street, Edinburgh EH1 1TE.
All rights reserved
Alle Rechte der deutschen Ausgabe:
© 2022 Carl Hanser Verlag GmbH & Co. KG, München
Umschlag: Stefanie Schelleis, München
nach einem Entwurf von Tom Sears
Motive: © Tom Sears | Lettering: Arabella Funk
Satz im Verlag
TBB, a.s., Banská Bystrica | Printed in Slovak Republic